HOW TO
TIE A TIE

POTTER STYLE

Written and styled by Ryan Tristan Jin
Interior photographs by Laurel Golio
Stock photographs: tie fabric (pages 8–9, 16–17,
62–63) Shutterstock.com © grivet; tie fabric (pages
106–107) 123rf.com © DeGraaf Erik
Cover and interior design by Danielle Deschenes

www.potterstyle.com

ISBN 978-0-8041-8638-4
eBook ISBN 978-0-8041-8639-1

Printed in China

10 9 8 7 6 5 4 3 2 1

First Edition

HOW TO
TIE A TIE

A GENTLEMAN'S GUIDE
TO GETTING DRESSED

CONTENTS

Introduction

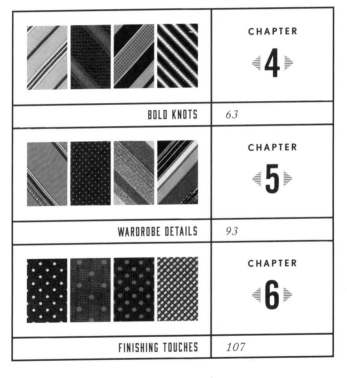

INTRODUCTION

"A WELL-TIED TIE IS THE FIRST SERIOUS STEP IN LIFE."

— Oscar Wilde

A gentleman should dress to his strengths but accommodate his individuality. Well-chosen clothes present him to the world at large before he even has a chance to offer a handshake or open his mouth. A man conscious of his style walks with cool, refined confidence.

Every man should have a few tailored pieces that, with the right accessories, can help him feel sharp and put together. Today, the rules are lax. Men can find varied ways to wear the ubiquitous suit and tie, deconstructed or mixed with less traditional elements.

In this handbook, you will discover new ways to not only knot ties but also build a wardrobe of integrity, practicality, and charm. Like a trusted valet, it is here to guide you into the conventions of serious dressing while still allowing you to express your personal style.

Dressing well is not about following the tides of fashion or adhering to outdated rules. It is a skill to help you through life's challenges—from job interviews to special dates—and to show your true self in any setting.

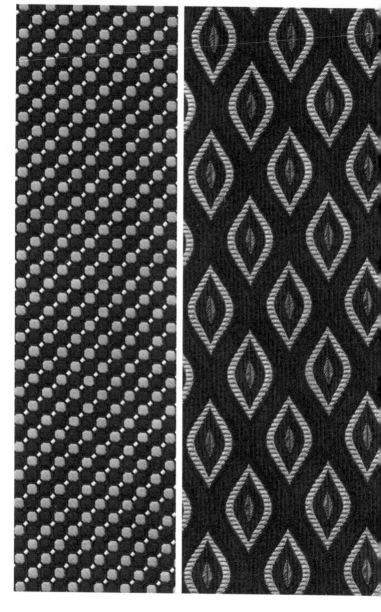

CHAPTER

1

FUNDAMENTALS

CONSIDER THE WEATHER, NOT THE CALENDAR, AS YOUR PERSONAL STYLIST.

← *warmest*   *neutral*

LINEN
Lightweight, relaxed elegance; a delicate, natural feel.

SEERSUCKER
Thin, puckered, all-cotton fabric; its texture helps air circulation.

COTTON SILK
Light, low elasticity, and soft, though not as smooth as silk.

SILK KNIT
The every-season tie in navy or black, stretchable blend, dressed up or sporty.

➤➤ TIP It is a good match if both the tie and suit belong in the same weather spectrum of either cold or hot. When in doubt, a solid navy silk knit tie and white spread collar shirt pair nicely with everything.

CHAMBRAY
Primarily cotton, in dark indigo year-round, light colors for the warmer months.

SILK WOOL & CASHMERE
Fine in texture, smooth and cozy feel with slight sheen.

WOOL
Slight bulk, insulating; absorbent and fibrous, tweed.

FELT
Dense, yet springy, fuzzy and matted wool fibers.

➡ TIP On colder days, with a flannel or tweed suit, go for a woolly tie. Choose a cotton tie and chambray denim shirt for warmer days and pair with a seersucker or khaki suit.

SOLID BLACK
For formal occasions, excluding black tie, a knit black tie goes well with both a casual jean or leather jacket and a tailored gray or charcoal jacket.

PIN DOT
For a smart, understated version of the polka dot.

WINDOWPANE OR GLEN PLAID
A classic pattern with character for business and outside the office.

WOOL
The natural sidekick for your fall- and winter-weight suits.

CLUB
Consisting of a repeating logo or motif, this style was originally reserved for Ivy Leaguers.

REPP
Originally strictly British, this tie has become a historic American staple.

NEUTRALS AND COLORS

The ability to mix and match your favorite jackets, pants, and shoes gives mileage to your separates. If you can master mixing browns, navies, grays, and blacks, you will be a combination standout. Here are six fundamentally sound examples:

SHOES	Brown	Black	Brown	Brown	Black	Black
PANT	Brown	Gray	Gray	Navy	Gray	Navy
JACKET	Navy	Black	Navy	Gray	Navy	Brown

When pairing solids with patterns, first determine what the dominant color is in either your shirt's or tie's pattern. Then select a tie or shirt that only has accents of that same color.

When mixing patterns, start with your shirt or tie first. If your tie has a large pattern, your shirt should complement the tie with a smaller pattern. The scales should always be opposite from each other.

>> TIP If you opt for bold-patterned
   socks, it is best that your outfit and
   shoes have little or no pattern at all.

Advocate color in your wardrobe, but keep in mind that muted colors are easier to coordinate. Bright colors tend to disrupt the cohesiveness of your outfit and can sometimes be more trend-driven than classic.

Compare your color choices to the color wheel below to avoid clashing. If the coordinating color sits directly or almost across from your main color option, you have a match, as those colors complement each other.

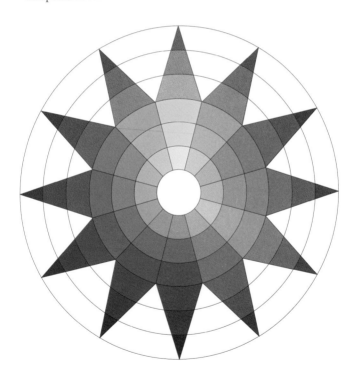

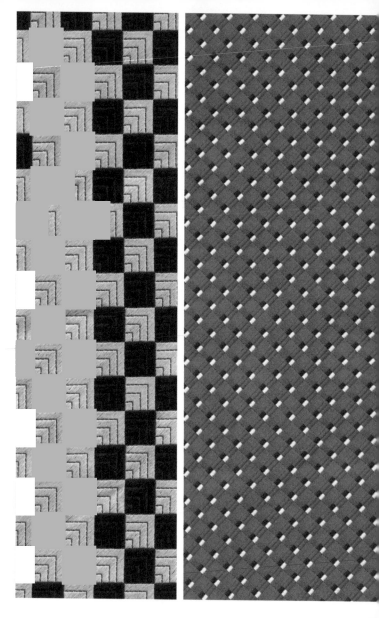

CHAPTER

2

CLASSIC KNOTS

The
WINDSOR

The most classic of all the knots. the Windsor is self-releasing, very triangular, and symmetrical. Be mindful of using thicker ties and loose tying, as either of these can make the knot quite bulbous. The knot size is adjustable depending on how taut you make each step. A traditional knot such as this calls for a prominent dimple.

STEP ONE

THE tip of the small end should rest slightly above the belly button. Only the wide end will be active. Cross the wide end over the small end to the left.

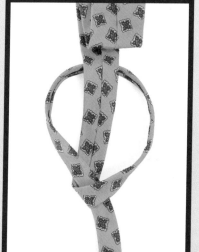

STEP TWO

TUCK the wide end up into the neck loop from underneath.

STEP THREE

///////////////////////////

ANGLE the wide end
down to the left.

STEP FOUR

///////////////////////////

TUCK the wide end
around the back of the
small end to the right.

STEP FIVE

////////////////////////////////.

SWING the wide end up to the center, toward the neck loop.

STEP SIX

////////////////////////////////.

TUCK the wide end through the neck loop and down to the right.

STEP SEVEN

////////////////////////////////

CROSS the wide end
across the front to
the left.

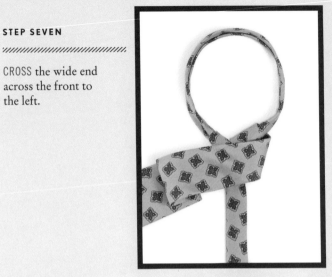

STEP EIGHT

////////////////////////////////

TUCK the wide end up
into the neck loop from
underneath.

STEP NINE

///////////////////////////////////////

TUCK the wide end down through the loop created in the front. Tighten the knot by pulling down on the wide end. Pinch and slide the knot up.

>> TIP Master the Dimple: Stick your index finger up in the center of the knot from the front as you tighten and a cleft will form.

The
HALF WINDSOR

The Half Windsor, also known as the Single Windsor, is your go-to knot if you love the look of the Windsor but your tie is too short. This style uses less tie length, as this knot is slightly less symmetrical and triangular. Smaller than the Windsor knot, it is less formal and works well with most collars with the exception of narrow styles.

STEP ONE

//////////////////////////////////

BEGIN with the wide end of the tie on the right and the small end on the left. The tip of the small end should rest slightly above the belly button. Only the wide end will be active. Cross the wide end over the small end to the left.

STEP TWO

//////////////////////////////////

TUCK the wide end under the small end and to the right.

STEP THREE

///////////////////////////

SWING the wide end up
to the center, toward the
neck loop.

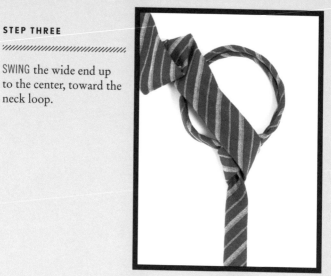

STEP FOUR

///////////////////////////

TUCK the wide end
through the neck loop
and to the left.

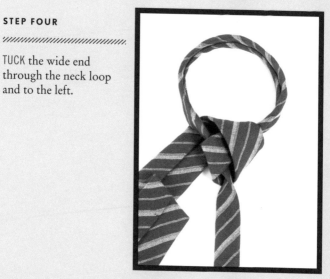

STEP FIVE

CROSS the wide end across the front, over to the right.

STEP SIX

TUCK the wide end up into the neck loop from underneath.

STEP SEVEN

////////////////////////////////

TUCK the wide end down
through the loop created
in the front. Tighten the
knot by pulling down on
the wide end. Pinch and
slide the knot up.

➤➤ TIP The knot should always cover the
band behind it. If it does not, it is
tied too loose.

The
BOW TIE

Perhaps the most challenging knot is the classic bow tie. But please, do not turn this page and purchase a pre-tied version! Your unintended tying imperfections actually bring character to this style, as no two self-tied bow ties are alike. With a little practice you will get it. Consider it a rite of passage for every gentleman—or, at the very least, the soon-to-be best man.

////////////////////////////////////

BEGIN with the bow tie lying faceup. Adjust so the right side is shorter than the left. The end on the left will be referred to as **A** and the end on the right will be referred to as **B**. Cross **A** to the right side over **B**.

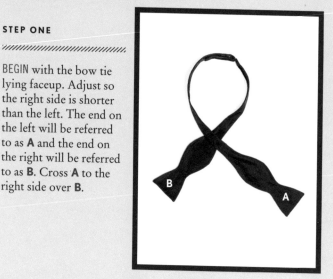

////////////////////////////////////

TUCK **A** up through the neck loop.

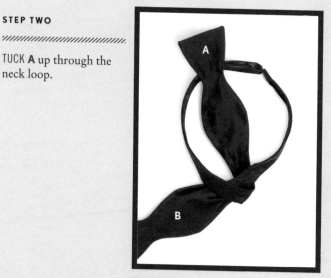

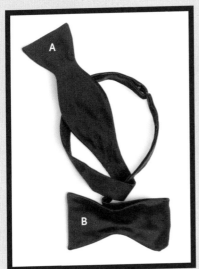

STEP THREE

TOSS **A** over the shoulder to hold. Fold **B** toward the right and then toward the left to create a bow shape.

STEP FOUR

DROP **A** straight down over the middle of the bow shape that was made with **B**.

STEP FIVE

PINCH close the two ends of **B**.

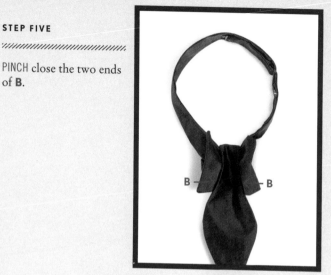

STEP SIX

WHILE **B** is pinched, double **A** back on itself to create a bow shape.

STEP SEVEN

//////////////////////////////////////

PASS **A** through knot
loop behind **B** while the
two ends of **B** remain
pinched.

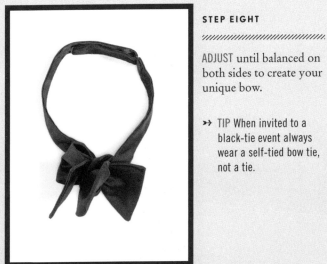

STEP EIGHT

//////////////////////////////////////

ADJUST until balanced on
both sides to create your
unique bow.

>> TIP When invited to a
black-tie event always
wear a self-tied bow tie,
not a tie.

The
PRATT

Also known as the Shelby, the Pratt is unusual because it must be tied with the seam of the tie facing outward. Many still don't agree on whether it was government official Jerry Pratt or anchorman Don Shelby who pioneered this tie. But we can all agree that it is ideal for the office, thanks to its neat and fairly wide knot. The Pratt's width falls between the Half Windsor and Four-in-Hand knots.

/////////////////////////////////////.

BEGIN with the backside of the tie facing forward, the wide end of the tie on the right and the small end on the left. The tip of the small end should rest slightly above the belly button. Only the wide end will be active. Cross the wide end under the small end to the left.

/////////////////////////////////////.

SWING the wide end up to the center, toward the neck loop.

TUCK the wide end
over and through the
neck loop and down to
the left.

STEP FOUR

/////////////////////////////////

CROSS the wide end
across the small end to
the right.

STEP FIVE

TUCK the wide end up into the neck loop from underneath.

STEP SIX

TUCK the wide end down through the loop just created in the front. Tighten the knot by pulling down on the wide end. Pinch and slide the knot up.

The
KENT

Also known as the simple knot, this style is popular in China but is slowly gaining presence in US offices. The knot requires only a few steps and results in a longer tie, ideal for tall men. Try this technique with a thicker tie to create a substantial knot.

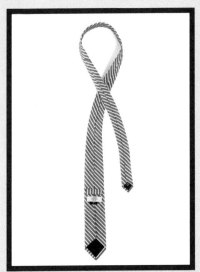

STEP ONE

BEGIN with the backside of the tie facing away; the wide end is on the right and the small end is on the left. The tip of the small end should rest slightly above the belly button. Only the wide end is active. Cross the wide end under the small end to the left.

STEP TWO

SWING the wide end across the small end to the right.

STEP THREE

TUCK the wide end up into the neck loop from underneath.

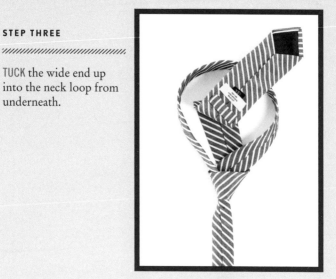

STEP FOUR

TUCK the wide end down through the loop just made in the front. Tighten the knot by pulling down on the wide end. Pinch and slide the knot up.

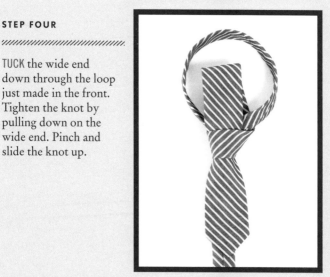

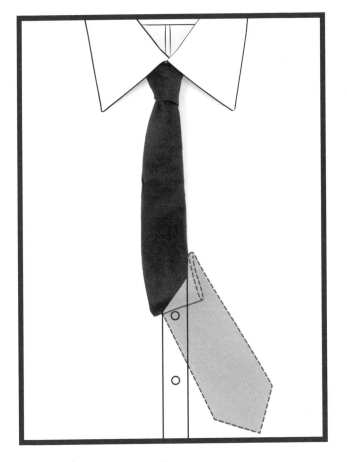

Bonus
HIDE-AWAY

Slip your tie into your shirt flat between your third and fourth buttons to try this All-American detail.

The

FOUR-IN-HAND

Not only is the Four-in-Hand the most versatile tie knot available, it also goes well with nearly every collar style. This knot gains its charm from the asymmetrical V-shape created when tied.

STEP ONE

////////////////////////////////

BEGIN with the wide end of the tie on the right and the small end on the left. The small end should be slightly above the belly button. Only the wide end will be active. Cross the wide end over the small end to the left.

STEP TWO

////////////////////////////////

CROSS the wide end under the small end and to the right.

STEP THREE

SWING the wide end across the front.

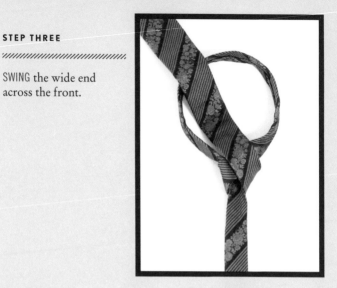

STEP FOUR

CROSS the wide end to the left over the knot.

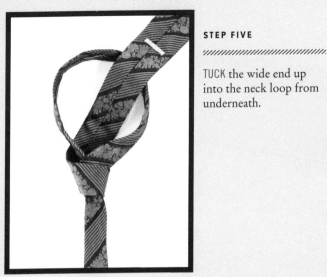

STEP FIVE

////////////////////////////////.

TUCK the wide end up into the neck loop from underneath.

STEP SIX

////////////////////////////////.

TUCK the wide end down through the loop just made in the front. Tighten the knot by pulling down on the wide end. Pinch and slide the knot up.

➤➤ TIP If you learn only one knot by heart, make it the Four-in-Hand.

The
KELVIN

The Kelvin is very similar to the Kent knot, but a simple extra step gives the Kelvin a tad more symmetry and volume. This knot is best used with a tie made of thinner material in order to avoid excessive bulk.

STEP ONE

////////////////////////////////

BEGIN with the backside of the tie facing away; the wide end is on the right and the small end is on the left. The tip of the small end should rest slightly above the belly button. Only the wide end is active. Cross the wide end under the small end to the left.

STEP TWO

////////////////////////////////

SWING the wide end across the small end to the right.

STEP THREE

/////////////////////////////////

SWING the wide end under the small end to the left from underneath.

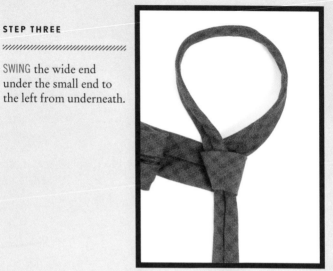

STEP FOUR

/////////////////////////////////

SWING the wide end over the small end to the right.

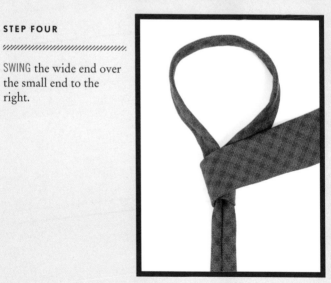

STEP FIVE

////////////////////////////////

TUCK the wide end up into the neck loop from underneath.

STEP SIX

////////////////////////////////

TUCK the wide end down through the loop just made in the front. Tighten the knot by pulling down on the wide end. Pinch and slide the knot up.

The
PRINCE ALBERT

Though subtle, the Prince Albert knot features an extra-princely detail. The first loop shows slightly underneath the second loop, lending the knot additional character, dimension, and height.

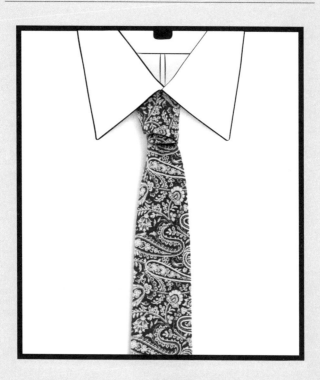

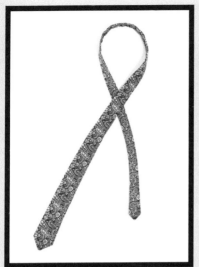

STEP ONE

BEGIN with the wide end of the tie on the right and the small end on the left. The tip of the small end should rest slightly above the belly button. Only the wide end will be active. Cross the wide end over the small end to the left.

STEP TWO

SWING the wide end under the small end to the right.

STEP THREE

////////////////////////////////

CROSS the wide end over
the front to the left.

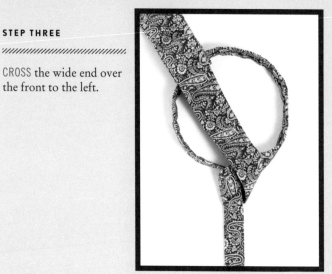

STEP FOUR

////////////////////////////////

CROSS the wide end
under the small end to
the right.

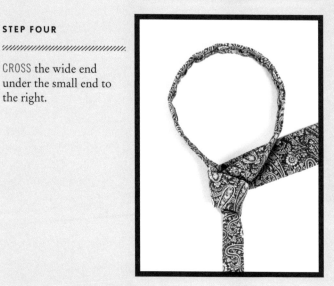

STEP FIVE

////////////////////////////////

SWING the wide end across the front to the left.

STEP SIX

///////////////////////////////////.

TUCK the wide end up
through the neck loop in
the back, and then down
through both loops in
the front. Tighten the
knot by pulling down on
the wide end. Pinch and
slide the knot up. The
first loop should show
slightly underneath the
second loop.

The
NICKY

This symmetrical knot resembles the Pratt in that it begins inside out. It is ideal when sporting your cooler weather thick-wool ties and pairs well with the all-purpose semi-spread collar.

///////////////////////////////////

BEGIN with the backside
of the tie facing away;
the wide end is on the
left and the small end is
on the right. The tip of
the small end should rest
slightly above the belly
button. Only the wide
end is active. Cross the
wide end under the small
end to the left.

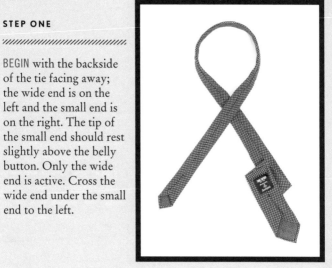

///////////////////////////////////

TUCK the wide end down
through the neck loop in
the back.

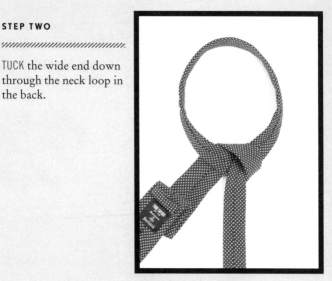

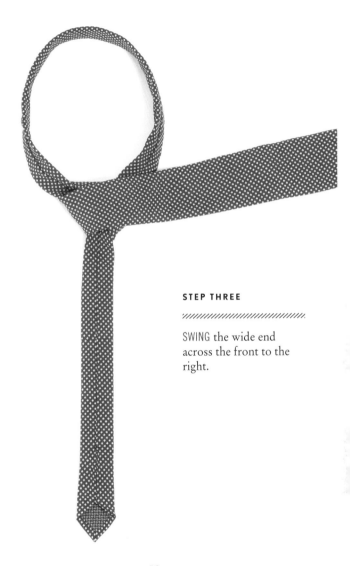

STEP THREE

//////////////////////////////////

SWING the wide end across the front to the right.

TUCK the wide end up
through the neck loop in
the back.

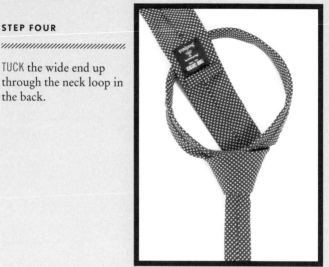

TUCK the wide end down
through the loop just
created in the front.
Tighten the knot by
pulling down on the
wide end. Pinch and
slide the knot up.

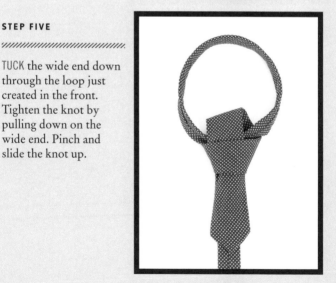

Bonus
SIDE-BY-SIDE

Pinch the skinny length of the knot and slide it to the left or right so that it runs alongside instead of behind the wider length.

CHAPTER

4

BOLD KNOTS

NO.
10

The
MURRELL

This knot is the adventuresome alter ego of the traditional Windsor knot. At the end of the steps you will find that the tail end lies in front of the wide end of the tie, resulting in a major play that no one will expect.

STEP ONE

//////////////////////////////////////.

BEGIN with the small end of the tie on the right and the wide end on the left. The tip of the wide end should rest slightly below the belly button. Only the small end is active. Cross the small end over the wide end to the left.

STEP TWO

//////////////////////////////////////.

TUCK the small end up into the neck loop from underneath.

SWING the small end
down to the left.

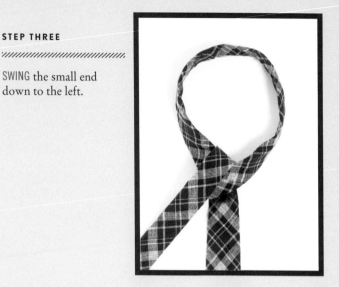

SWING the small end
around the back of the
wide end to the right.

STEP FIVE

////////////////////////////////

SWING the small end up to the center, toward the neck loop.

///////////////////////////////

TUCK the small end
through the neck loop
and down to the right.

STEP SEVEN

///////////////////////////////

SWING the small end
across the front to
the left.

STEP EIGHT

////////////////////////////////.

TUCK the small end up into the neck loop from underneath.

STEP NINE

////////////////////////////////.

TUCK the small end down through the loop just created in the front. Tighten the knot by pulling down on the wide end. Pinch and slide the knot up.

The
TRINITY

This statement-making triangular knot has three connecting points that represent the Holy Trinity or three natural forces in Celtic culture. Mastering the Trinity will raise your expertise level and take some time. The classic bow tie looks almost easy by comparison.

STEP ONE

/////////////////////////////////////

BEGIN with the wide end of the tie on the left and the small end on the right. The tip of the wide end should rest at the top of your belt buckle. Only the small end is active. Cross the small end over the wide end to the left.

STEP TWO

/////////////////////////////////////

TUCK the small end up into the neck loop from underneath.

////////////////////////////

SWING the small end
down to the left.

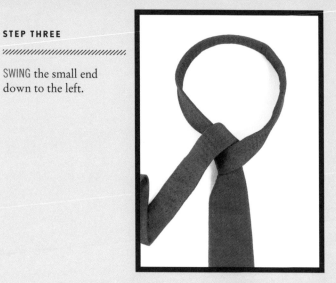

////////////////////////////

SWING the small end
around the back of the
wide end to the right.

STEP FIVE

//////////////////////////////////

SWING the small end up
to the center, toward the
neck loop.

STEP SIX

//////////////////////////////////

TUCK the small end
through the neck loop
and down to the left.

STEP SEVEN

////////////////////////////////

SWING the small end
across the wide end to
the right.

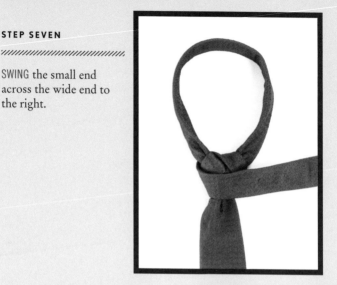

STEP EIGHT

////////////////////////////////

TUCK the small end up
into the neck loop from
underneath.

STEP NINE

//////////////////////////

TUCK the small end down through the loop you created in the previous step. Keep loose.

STEP TEN

//////////////////////////

ANGLE the small end upward and tuck it around the back of the wide end to the right.

STEP ELEVEN

////////////////////////////////

TUCK the small end
across the front toward
the center and through
the loop created in the
previous step. If material
from the small end
remains, tuck in back.

The
VAN WIJK

With the right tie, the Van Wijk is pleasingly sculptural. Use a thin tie to make this more wearable in a variety of settings; thicker ties are to be avoided. Feel free to adjust the spaces between the overlapping sections for your desired look.

STEP ONE

///////////////////////////////

BEGIN with the wide end of the tie on the right and the small end on the left. The tip of the small end should rest slightly above the belly button. Only the wide end is active. Cross the wide end over the small end to the left.

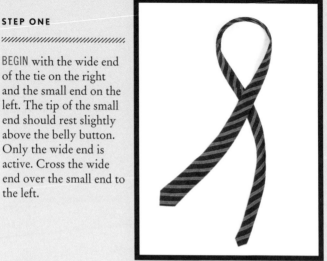

STEP TWO

///////////////////////////////

SWING the wide end under the small end and to the right.

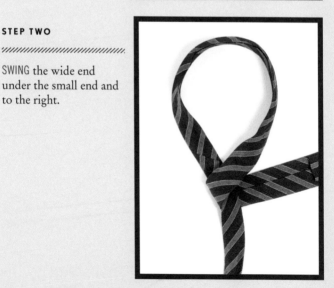

STEP THREE

//////////////////////////////////

SWING the wide end across the front and to the left.

STEP FOUR

//////////////////////////////////

SWING the wide end under the small end and to the right.

STEP FIVE

SWING the wide end over the small end and to the left.

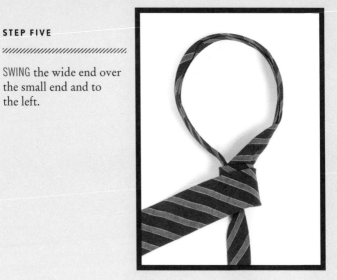

STEP SIX

SWING the wide end under the small end and to the right.

STEP SEVEN

///

SWING the wide end across the front and to the left.

////////////////////////////////

TUCK the wide end up
into the neck loop from
underneath.

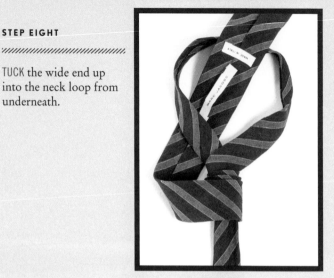

////////////////////////////////

TUCK the wide end
through all three loops
in the front. Tighten the
knot by pulling down on
the wide end. Pinch and
slide the knot up. The
first and second loop
should show slightly
underneath the third
loop; adjust accordingly.

The
DIAGONAL

Suited best for ties made of thin, light fabric, the Diagonal knot offers a simple yet impactful detail. Select a solid tie for this style, because patterns will distract attention from the shape of the knot.

BEGIN with the wide end of the tie on the left and the small end on the right. The tip of the small end should rest slightly above the belly button. Only the wide end is active. Cross the wide end over the small end to the right.

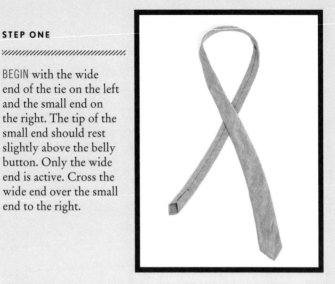

SWING the wide end under the small end to the left.

STEP THREE

////////////////////////////////////

SWING the wide end over the small end to the right.

STEP FOUR

////////////////////////////////////

SWING the wide end under at an upward diagonal under the small end to the left.

STEP FIVE

////////////////////////////////

TUCK the wide end up
through the neck loop.

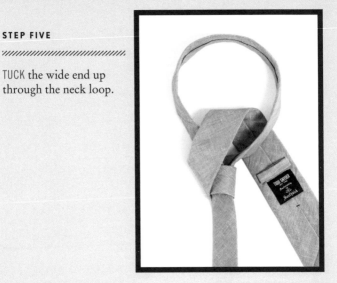

STEP SIX

////////////////////////////////

TUCK the wide end
through the front knot
loop. Tighten the knot
by pulling down on the
wide end and adjust
knot for desired diagonal
effect.

The
MINIATURE

As the name implies, this knot is very small. Unlike other, well-known styles, the narrower end of the tie leads the action. You will notice that the reverse side of the tie is visible on the finished knot.

STEP ONE

////////////////////////////

BEGIN with the wide end of the tie on the left and the small end on the right. The tip of the wide end should rest slightly between the width of the belt buckle. Both the wide and small ends are active. Fold the width of the skinny length and pinch fabric.

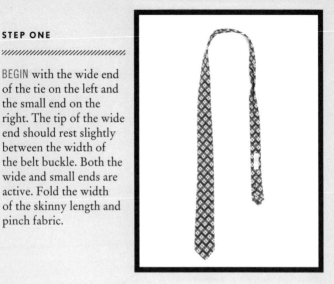

STEP TWO

////////////////////////////

CREATE a loop with the skinny length just folded.

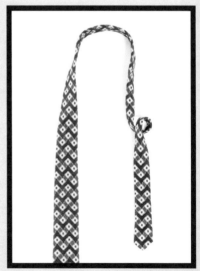

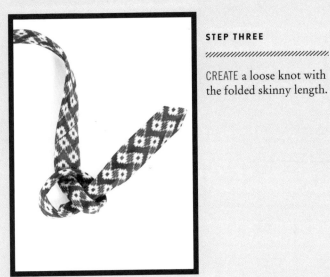

STEP THREE

///////////////////////////////

CREATE a loose knot with the folded skinny length.

STEP FOUR

///////////////////////////////

TIGHTEN the knot, allowing just enough space for the wide end of the tie to slide through.

STEP FIVE

//////////////////////////////

TUCK the wide length of
the tie through the knot
loop. Tighten the knot
by pulling down on the
wide end.

Bonus
FLIP IT

Tie any classic knot with the skinny length up to an inch longer than the wider length.

CHAPTER

5

WARDROBE DETAILS

ROUNDED WINDSOR SPREAD

////////////////////////////

With a wide spread between the rounded points, this collar can accommodate a bigger necktie knot.

BUTTON-DOWN

////////////////////////////

Paired with a tie, this collar style is the least formal option. Without a tie, it dresses up a casual look and offers more outfit options. The buttons on the collar should always be buttoned.

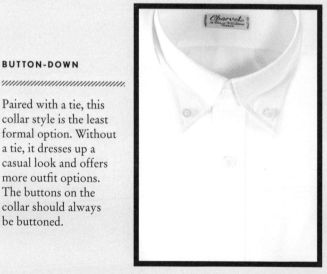

STRAIGHT POINT

//////////////////////////////

This collar is meant to
complement a man with
a rounder or wider face.
Most military-issue dress
shirts since WWI feature
this collar.

SMALL WINGED

//////////////////////////////

This collar is worn only
with a bow tie as part
of a formal dress code,
either white or black tie.
The collar points should
be tucked behind the
bow tie.

CLUB COLLAR

////////////////////////////////

Also known as the golf,
or rounded Eton, this
style harkens back to its
prep-school origins. This
twist on a traditional
shirt looks great under a
jacket with a tie.

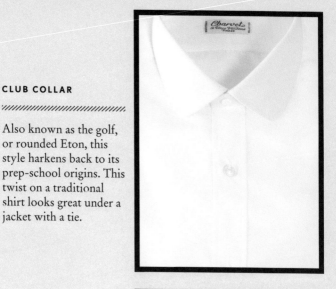

WINDSOR SPREAD

////////////////////////////////

Celebrated by notable
style icons since the
early twentieth century,
this collar style looks
best on men with
narrower features.

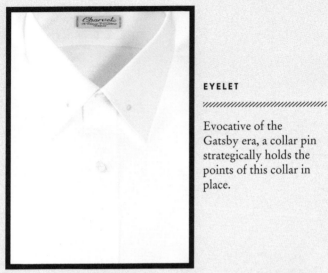

EYELET

//

Evocative of the Gatsby era, a collar pin strategically holds the points of this collar in place.

SEMI-SPREAD

//

If you stick to one collar, this is your best bet. The semi-spread collar flatters many face shapes due to the slightly shorter point length and moderate cutaway.

FRENCH CUFF

Held in place with the cuff links of your choice, this long cuff style is worn folded back on itself. The additional fabric means that the cuffs will feature much more prominently from the sleeve of the jacket.

BARREL CUFF

Barrel cuffs are the most common type of cuff to be found on dress shirts for men. They are held closed by one or two buttons, without eyelets for attaching studs or cuff links to the shirt.

KNOT

////////////////////////////////

A modern knot design
in metal, such as gold or
silver, may be worn at
more formal occasions.
Fabric knot cuff links
are best suited for casual
affairs—think a navy
blazer, not black tie.

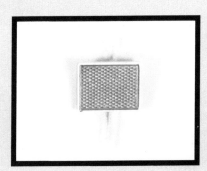

UNDERSTATED

////////////////////////////////

Try simple shapes such
as squares, circles, or
triangles for a subtle
look. This particular
cuff link, although only
a rectangle, features
detail etched by an
engine-turning needle.

HEIRLOOM

///////////////////////////////////

These Vanderbilt family
crest cuff links are
exceptional conversation
starters. Initials can also
be considered heirloom.
Classic personalization
reigns over anything too
flashy.

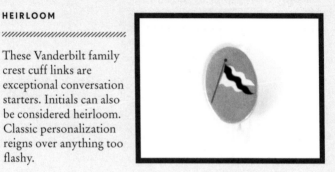

ENAMEL

///////////////////////////////////

Domed with colored
enamel and bordered in
white, these cuff links
show just enough flair
when you shake hands.

NOVELTY

////////////////////////////////////

When choosing a novelty cuff link, go more whimsical than tacky. These double-barrel shotgun shells pack a punch of interest without being kitschy.

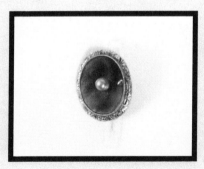

PEARL

////////////////////////////////////

For an evening-formal pairing, go with pearl accents with a chain-link detail. Pearls are understated yet always a great choice because of their elegant luster.

NAVY

////////////////////////////////////

This sophisticated look
is perfect year-round and
even works casually with
jeans. Navy is the most
flexible suit color you
can buy, followed closely
by charcoal and medium
gray. Black and brown
shoes go faultlessly with
navy whereas only black
shoes may be worn with
a black suit.

DOUBLE-BREASTED

////////////////////////////////////

Ideal for taller men, this
jacket highlights the
width of the torso rather
than the height. The
lapels are always peaked
and the jacket should
always be buttoned.

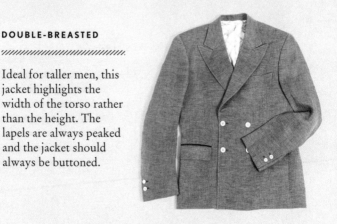

THREE-PIECE & PLAID

////////////////////////////////////

Three-piece, classic sartorial refinement at its best. In winter, retain a neat and tailored look even with the jacket off, or team the jacket with a cashmere cardigan or V-neck sweater. Plaid jackets pair well with plain, plaid, or solid ties.

SPORT

////////////////////////////////////

This checkered knit stretch blazer offers a classic fit and shape with a touch of modernity. This is the perfect jacket for a relaxed yet cultured look.

DINNER

For black tie, the correct code to follow is a dinner suit and bow tie, not office suit and black tie. Always go with shawl or peaked lapels, on a single- or double-breasted jacket. You can never go wrong with black, but midnight blue elevates the style.

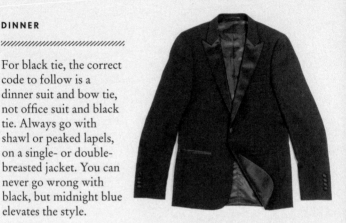

ARTISANAL

It's all about detail and craftsmanship in this jacket made of fine French silk and premium Swiss cotton. The texture of the fabric looks as though it were magnified under a microscope. An artisanal jacket is your one-of-a-kind wild card.

SUMMER/SPRING

////////////////////////////////

In warmer months, try this indigo-dyed hopsack material, which will behave and break in much like a great pair of jeans. Team this jacket with a pair of chinos, adapting a modern-day suit for a relaxed, summery setting.

ONE-AND-A-HALF BREASTED

////////////////////////////////

This jacket has a narrow structure that emphasizes the male silhouette. Unlike the double-breasted style, this jacket can be worn with a button unbuttoned and remains nicely fitted to the body when open.

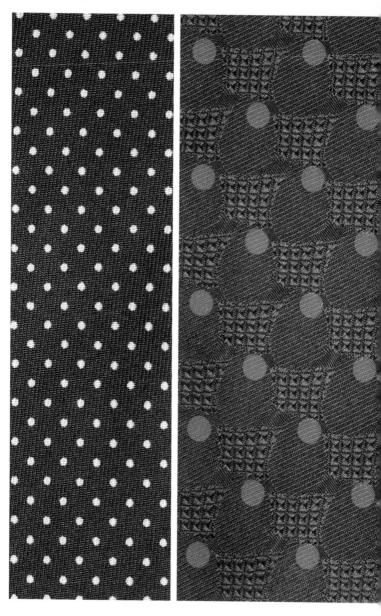

CHAPTER

6

FINISHING TOUCHES

The
STRAIGHT FOLD

This is the most simple of the pocket square folds.

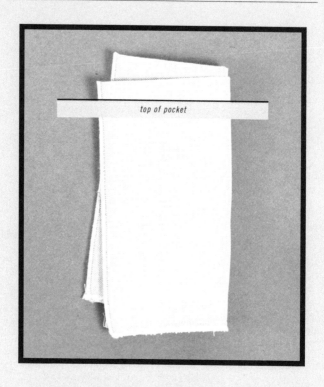

top of pocket

STEP ONE

////////////////////////////////

FOLD the top down to the bottom edge.

STEP TWO

////////////////////////////////

FOLD the right side to the left side at a slight diagonal toward the right.

STEP THREE

////////////////////////////////

FOLD the fabric vertically to accommodate the size of your suit pocket.

The
WINGED PUFF

This fold works with most fabrics but will be difficult to obtain with stiffer materials. It transitions well from day to night. Choose a matte material for day or try a semi-sheen finish at night.

top of pocket

>> TIP Go to your local fabric store and have them cut your desired fabric in the appropriate size. Your options are endless. Just be sure to discreetly hide the tattered edges or have a tailor finish them.

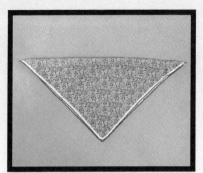

STEP ONE

////////////////////////////////

LAY the pocket square flat in a diamond. Fold the top corner down to the bottom.

STEP TWO

////////////////////////////////

FOLD the left and right corners down to the center point.

STEP THREE

////////////////////////////////

FOLD the left, right, and bottom corners in.

The
TWO POINT

Folded off center so that two points do not completely overlap.

top of pocket

➤➤ TIP A square should reflect a color in your shirt or tie. If your paisley tie has subtle blue in it, maybe go for a square that has blue tipping or a border. If it makes your breast pocket bulge too much, refold it or get a smaller square.

STEP ONE

///////////////////////////////////

LAY the pocket square flat with one (open) corner facing up and one (folded) corner facing down.

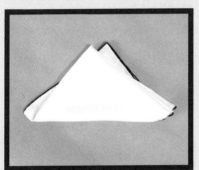

STEP TWO

///////////////////////////////////

FOLD the bottom corner up and slightly to the left of the top corner.

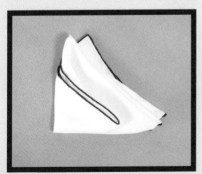

STEP THREE

///////////////////////////////////

FOLD the left side in toward the right. Fold the right side in toward the left.

COLLAR BAR

//////////////////////////

With this bar a small tie knot is preferred; otherwise your collar will wrinkle. Choose a tie with very little or no lining at all and use a simple knot.

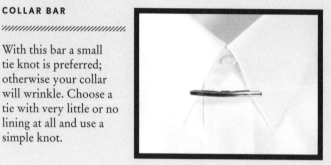

EYELET BAR

//////////////////////////

The bar is designed to slide through the holes in the eyelets of some dress shirt collars.

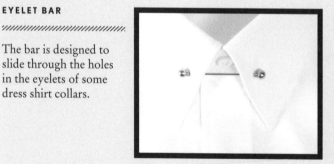

TIE BAR

////////////////////////////////////

A bar should always be placed between the third and fourth buttons of your dress shirt. It should never be wider than your tie.

TIE PIN

////////////////////////////////////

A pin should also be placed where the middle of the third and fourth buttons are located on your shirt. The pin should pierce the narrow end of the tie. This position strategically places the pin so others will be able to see it when you are wearing a suit jacket.

SPORT AND WEEKEND

//

Typically robust with bracelet
bands made of steel or precious
metals for durability.

OFFICE

//

An "I've made it" (or "will
make it") statement typically
with gold face and high-grade
band.

CLASSIC

//

Versatile and simple. The dial is plain; the case is slim and has a clean aesthetic. This watch is best for all occasions in black.

FORMAL

//

Slim, small, understated, and elegant, this black wristwatch is not meant to take away any attention from you.

CLASSIC BUCK

///////////////////////////////

A dressier alternative
to sneakers that looks
great with dark denim
or khakis.

CAP TOE OXFORD

///////////////////////////////

A subtle toe cap in black
calfskin is a timeless
classic, but dark brown
leather looks just as
good.

WINGTIP

////////////////////////////////

This shoe is considered
a business shoe, but it's
a little more versatile
in brown. Choose a
durable pair that also
looks good with a suit.

LOAFER

////////////////////////////////

You can't get more
All-American than
loafers. This shoe is
appropriate for all
seasons—rain or shine—
in nearly any office
environment.

PATENT LEATHER

//////////////////////////////

With a glasslike finish
that catches the light,
patent leather shoes are
typically solid black
and are the only shoes
destined for only one
suit—the tux or dinner
jacket.

MONK STRAP

//////////////////////////////

A buckle strap closer
that replaces traditional
eyelets and laces. Not
necessarily the best for
very formal occasions
but good for both work
and play.

◄◄ CRISSCROSS

//////////////////////////

BAR ODD ►►

//////////////////////////

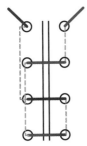

◄◄ BAR EVEN

//////////////////////////

—121—

TAILORING DETAILS

A good suit should not need extreme tailoring, just subtle changes to achieve the perfect fit.

When investing in a suit, look for one that helps you feel comfortable, balanced, and confident. Avoid those that have been constructed with any glues or the fused linings often found in mass-produced garments. Check the super number, which indicates the fineness of the single fibers of the material; the higher you go in number, the silkier and smoother the fabric will be.

Dark navy wool is always a good color and fabric choice; it lends itself to all settings, both personal and professional, and looks classier than a black suit.

JACKET GUIDELINES

Before you step into a store, know your measurements. Avoid jackets with sizes labeled small, medium, or large. Once you've chosen a well-fitting jacket, a tailor will be able to make further refinements.

The perfect jacket should highlight your physique and give your body a dynamic shape, emphasizing the shoulders. Keep the shoulder line fairly natural, as padding can be overwhelming and should never extend beyond your shoulders. When you button the jacket, no more than a fist should fit between the button and your chest.

Lapels with high, small notches that land right on the collarbone will make your suit look bespoke. The jacket sleeve should reach just above the wrist.

While you're shopping, it's a good idea to try on a few shirts to pair with your jacket, just to make sure they're a good match. You should be able to fit one finger between the shirt collar and your neck, and the sleeve should cover the wrist without covering the palm.

TROUSER GUIDELINES

A tailor is a man's best friend, but if the waist is beyond an inch too big or small, tailoring becomes more difficult and expensive.

When shopping, briefly bunch the pant fabric in your hand. If it wrinkles easily, move on to another pair of better quality to purchase.

Flat-front trousers are considered more modern and less trend-driven than those with pleats. Pants should fit close to your leg comfortably but never so tight that they flare out.

The bottom of the trousers should touch the top of the shoe without leaning on it and with minimal break in the fabric.

If you prefer cuffs, they will add weight to your pants, which will help your creases appear sharper and give a more traditional look. Cuffs should never be more than 1½ inches in height.

If you have belt loops, wear a belt that coordinates with the color of the trousers.

BRANDS FEATURED

///

A SPECIAL THANK-YOU
TO THESE ADVISORS AND CONSULTANTS:

Alan Bedwell of Foundwell
Brunello Cucinelli of Brunello Cucinelli
Daniel Lewis of Brooklyn Tailors
Massimo Pigozzo of Barena Venezia
Massimo Piombo of MP Massimo Piombo